W0368854

Spaß mit

Franklin

Spielen und lernen mit der kleinen Schildkröte

Paulette Bourgeois • Brenda Clark

Spaß mit

Franklin

Spielen und lernen mit der kleinen Schildkröte

Paulette Bourgeois • Brenda Clark

EDITION XXL

Zählen

Das ist Franklin. Er kann ganz alleine eine Flussböschung hinunterrutschen. Er kann Reißverschlüsse öffnen und schließen und Knöpfe auf- und zumachen. Er kann vorwärts und rückwärts zählen.

Auch du kannst vorwärts und rückwärts zählen! Trage die fehlenden Zahlen ein.

1 2 _ 4 5 _ _ 8 _ 10

10 9 8 _ 6 5 _ 3 _ 1

Punkt zu Punkt

Franklin kann Reißverschlüsse öffnen und schließen und Knöpfe auf- und zumachen. Er kann zweistellig zählen und seine Schuhe zubinden. Er kann vorwärts und rückwärts zählen und er kann addieren und subtrahieren. Franklin lernt Mathematik.

Verbinde die Punkte von 1 bis 30, um herauszufinden, wer Franklins Lehrer ist.

Versteckte Buchstaben

Franklin hat eine Menge guter Freunde. Heute macht er einen Spaziergang mit Bär, Biber und Falke.

Die Buchstaben des Wortes FREUND sind in diesem Bild versteckt. Kreise die Buchstaben ein, sobald du sie findest.

Suchen und Finden

Bär ist Franklins allerbester Freund. Bär liebt es, Honig zu essen. Bienen machen Honig.

Kannst du alle zehn Bienen in diesem Bild finden? Kreise die Bienen ein, wenn du sie gefunden hast.

Wortsuche

Franklin und seine Freunde lieben es, Sport zu treiben.

Schaue senkrecht und waagrecht, um die Namen der folgenden Sportarten zu finden:

BASEBALL, BOWLING, REITEN,
FUSSBALL, VOLLEYBALL, TENNIS

Kreise die Wörter ein, wenn du sie gefunden hast.

U	R	E	I	T	E	N	R	P	F
T	E	N	N	I	S	D	I	D	U
A	W	L	U	Q	N	B	E	H	S
N	A	H	R	G	B	A	Y	E	S
B	C	J	T	X	C	S	B	Y	B
O	V	S	G	J	R	E	C	Q	A
V	O	L	L	E	Y	B	A	L	L
F	I	F	K	C	E	A	T	S	L
D	X	M	B	O	W	L	I	N	G
M	W	E	L	V	K	L	M	P	A

Labyrinth

Biber geht nach Hause, nachdem sie den ganzen Nachmittag Baseball gespielt hat.

Hilf ihr den Weg zu finden.

Was ist falsch in diesem Bild?

An einem heißen Tag gehen Franklins Freunde im Fluss schwimmen.

In diesem Bild stecken sechs Fehler. Kreise sie ein, wenn du sie gefunden hast.

Geheimzeichen

Herr Maulwurf fühlt sich nicht wohl. Franklin besucht ihn.

Finde heraus, was Franklin für Herrn Maulwurf mitgebracht hat. Zu jedem Bildchen gehört ein Buchstabe. Fülle die Lücken mit dem passenden Buchstaben in der richtigen Reihenfolge aus.

S A T D E U N O

_____ _____ _____ _____ _____   _____ _____ _____   _____ _____ _____

Bilderspiel

Auf dem Weg nach Hause bleibt Franklin bei Frau Gans stehen, um sich mit ihr zu unterhalten.

Eines dieser Bilder unterscheidet sich von den anderen. Kannst du es finden? Zeichne einen Rahmen um dieses Bild und kreise die Dinge ein, durch die es sich von den anderen drei Bildern unterscheidet.

Versteckte Bilder

Franklins Freund Kaninchen liebt es, auf der Wiese zu hüpfen.

Kannst du die sieben Insekten finden, die in dem Bild versteckt sind? Kreise die Insekten ein, wenn du sie gefunden hast.

**Grashüpfer, Marienkäfer, Spinne, Biene,
Schmetterling, Ameise, Fliege**

Hut-Spiel

Franklin und Biber tragen Hüte bei ihrer Bootsfahrt.

Auf der nächsten Seite findest du jeweils zwei Hüte, die zusammenpassen. Verbinde sie mit einer Linie.

Kreis-Rätsel

Bär tanzt. Wie sieht er dabei aus?

Um es herauszufinden, folgst du dem Kreis in Pfeilrichtung und schreibst jeden zweiten Buchstaben auf die Linien.

D _ _ _ _ _ _

Schattenspiel

**Finde zu den Bildern von Franklins Freunden den passenden Schatten.
Zeichne eine Linie zwischen jedem Bild und seinem Schatten.**

Spielstunde

Fuchs bewahrt alle seine Spielsachen in einem Regal auf. Sein Lieblingsspielzeug ist ein Satz Bausteine.

Kreise die Dinge ein, die Spielsachen sind.

Fluss-Labyrinth

Franklins Freund Otter taucht im Fluss nach einem kleinen Imbiss.

Folge dem Labyrinth und finde den Lieblingsimbiss von Otter.

Franklin und seine Freunde wünschen sich Haustiere.

**Auf der nächsten Seite stehen Sätze, in denen die Haustiere genannt sind.
Ziehe eine Linie zum passenden Bild.**

Bär wünscht sich einen Vogel.

Biber wünscht sich eine Katze.

Gans wünscht sich ein Kaninchen.

Franklin wünscht sich einen Fisch.

Fuchs wünscht sich einen kleinen Hund.

Kaninchen wünscht sich einen Hamster.

Punkt zu Punkt

Franklins Freunde spielen gerne mit Murmeln.

Wenn du die Murmeln von 1 bis 30 verbindest, entsteht ein Überraschungsbild.

Buchstabensalat

Franklin trägt ein Kostüm.

Ordne die Buchstaben richtig an, um herauszufinden, als was er sich verkleidet hat.

RTIRET

_ _ _ _ _ _

Buchstabenspiel

Bär und Franklin grillen Würstchen über einem Lagerfeuer. Franklins Vater hält für sie eine besondere Leckerei zum Nachtisch bereit.

Um herauszufinden, welcher Leckerbissen das ist, streichst du aus den folgenden Buchstaben X, Y und Z heraus. Die verbleibenden Buchstaben schreibst du auf die Linien darunter.

XBYRAZXTYZÄXZPYXZFXZYELZXY

_ _ _ _ _ _ _ _ _ _

Wer ist Erster? Wer ist Letzter?

Franklin und seine Freunde Biber, Fuchs, Kaninchen und Gans machen ein Wettrennen.

Sieh dir das Bild genau an und beantworte dann die Fragen.

Wer ist Erster? ______________________________

Wer ist Zweiter? ______________________________

Wer ist Dritter? ______________________________

Wer ist Vierter? ______________________________

Wer ist Letzter? ______________________________

Versteckte Zahlen

Franklin sucht in seiner Verkleidungstruhe nach einem lustigen Kostüm.

Kannst du die Zahlen 1 bis 10 finden, die in diesem Bild versteckt sind? Kreise die Zahlen ein, wenn du sie gefunden hast.

Zu gleichen Teilen

Franklins Lieblingsimbiss ist Fliegenkuchen. Seine Mutter hat die unten gezeigten Kuchen in gleiche Teile geschnitten. Jedes Stück aus einem Kuchen hat die gleiche Größe und Form wie die anderen Stücke aus diesem Kuchen.

Zeichne einen ○ um den Kuchen, der in zwei gleiche Teile oder Hälften geschnitten ist.

Zeichne ein □ um den Kuchen, der in vier gleiche Teile oder Viertel geschnitten ist.

Zeichne ein △ um den Kuchen, der in drei gleiche Teile oder Drittel geschnitten ist.

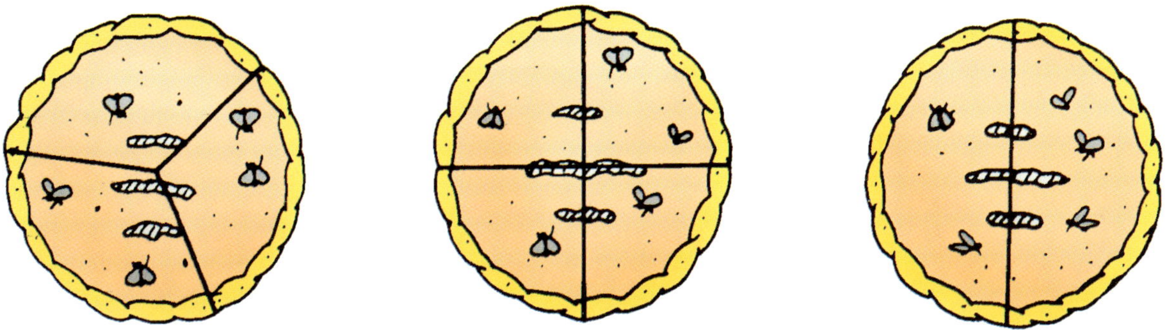

Die Uhr

Wenn Franklin wissen möchte, wie spät es ist, schaut er auf die Uhr.

Je zwei Uhren zeigen die gleiche Zeit an. Verbinde sie mit einer Linie.

Zahlen-Labyrinth

Schnecke macht sich Sorgen, dass er zu spät zu Bärs Geburtstagsfeier kommt.

Hilf Schnecke rechtzeitig zur Feier zu kommen. Um den Weg zu Bärs Haus zu finden, folge den geraden Zahlen von 2 bis 50. Male dann den richtigen Weg farbig an.

2	4	6	7	8	9	10	11
4				10			12
6	8	10	12	14	16	18	20
	10			16			22
	12			18			24
40	38	36	34	32	30	28	26
42						34	
44	46	48	42	40	38	36	
		50					

Verschwundene Zahlen

Franklin ist bereit, um etwas Detektivarbeit zu leisten.

Hilf Franklin herauszufinden, welche Zahlen verschwunden sind. Sieh dir das Schema in jeder Zahlenreihe genau an und schreibe dann die fehlende Zahl in das leere Kästchen. Die erste Reihe wurde schon für dich ausgefüllt.

7	6	5	4	3
1	3	5	7	
20	30	40	50	
	90	80	70	60
	12	13	14	15
	200	300	400	500
2		6		10
5	10		20	
	30	20		0

Zahlen-Kreuzworträtsel

Franklin und seine Freunde versuchen ein Kreuzworträtsel zu lösen.

Hilf Franklin und seinen Freunden das Rätsel zu lösen. Lies jeden Hinweis und wähle die richtige Antwort aus der unten angegebenen Liste aus. Benutze deine Antworten, um das Kreuzworträtsel auf der folgenden Seite auszufüllen.

Hinweise

Waagrecht

1. Die Anzahl der Schuhe in einem Paar.

2. Die Anzahl der Stunden an einem Tag.

3. Die Anzahl der Eier in einem Dutzend.

4. Die Anzahl der Tage in einer Woche.

Senkrecht

1. Die Anzahl der Buchstaben des Alphabets.

2. Die Anzahl der Monate in einem Jahr.

3. Die Anzahl der 10-Pfennigstücke in einer Mark.

4. Die Anzahl der Seiten eines Rechtecks.

Antworten

zwölf, sieben, vierundzwanzig, zwei,
vier, sechsundzwanzig, zwölf, zehn

1
1
3
2
4
2
3
4

Bilderrätsel

Franklin und Kaninchen lieben es, auf der Wiese Bockspringen zu spielen.

Es sind 3 Blumen auf der Wiese, die genau gleich aussehen. **Kreise sie ein.**

Es sind 2 Schmetterlinge auf der Wiese, die genau gleich aussehen.
Kreise sie ein.

Es sind 4 Pilze auf der Wiese, die genau gleich aussehen. **Kreise sie ein.**

Es sind 3 Ameisen auf der Wiese, die genau gleich aussehen. **Kreise sie ein.**

Erstelle ein Diagramm

Franklin und seine Freunde schmücken einen Baum für ihr Schultheater.

Lies die Fragen auf der nächsten Seite und schreibe deine Antwort auf die Linie am Ende eines jeden Satzes.

Wie viele Sterne hängen am Baum? ______________________________

Wie viele Kerzen stecken am Baum? ______________________________

Wie viele Schleifen hängen am Baum? ______________________________

Wie viele Glocken hängen am Baum? ______________________________

Wie viele Lebkuchenmänner hängen am Baum? ______________________

Erstelle jetzt ein Diagramm. Male für jeden Baumschmuck ein Kästchen in der richtigen Reihe aus. Die erste Reihe ist bereits für dich ausgemalt.

	1	2	3	4	5	6	7	8

Addieren

Franklin und seine Freunde addieren und subtrahieren jeden Tag – und das nicht nur im Mathematikunterricht!

Lies jede Frage und schreibe das Ergebnis auf die Linie.

Franklin hält 2 Tassen. Wie viele Tassen hält er, wenn er noch 3 dazunimmt?

$2 + 3 =$ ______

Bär hat 1 Apfel. Wenn Franklin ihm noch 5 dazugibt, wie viele Äpfel hat er dann?

$1 + 5 =$ ______

Subtrahieren

Biber hat 5 Gespenster ausgeschnitten. Wie viele bleiben ihr übrig, wenn sie Franklin 2 davon abgibt?

$$5 - 2 = \_\_\_\_$$

Wenn 4 von Franklins Freunden eine Fahrradtour machen und 2 von ihnen nach Hause gehen, wie viele Freunde bleiben dann noch übrig?

$$4 - 2 = \_\_\_\_$$

Finde das fehlende Teil

Franklin hat einen schlechten Tag. Zuerst hat er seine liebste Tasse zerbrochen und nun kann er das letzte Teil zu seinem Puzzle nicht finden.

Auf der nächsten Seite kannst du Franklin helfen sein Puzzle zu beenden. Sieh dir die unten abgebildeten Puzzle-Teile genau an und kreise das Teil ein, das hineinpasst.

Gerade oder ungerade

Franklins Klasse lernt bei Herrn Eule den Unterschied zwischen geraden und ungeraden Zahlen.

Eine Zahl ist gerade, wenn du sie durch 2 teilen kannst.
Eine Zahl ist ungerade, wenn du sie nicht durch 2 teilen kannst.

Die Zahl 6 ist gerade.

Die Zahl 7 ist ungerade.

Enthalten die folgenden Kästchen eine gerade oder eine ungerade Anzahl von Gegenständen?

Zeichne in jedem Kästchen einen Kreis um jeweils zwei Gegenstände, um es herauszufinden. Kreise danach die richtige Antwort ein.

Gerade oder ungerade?

Gerade oder ungerade?

Gerade oder ungerade?

Gerade oder ungerade?

In Gruppen zählen

(Multiplizieren)

Franklin und seine Mutter haben jeweils 2 Käfer. Zusammen haben sie 4 Käfer.

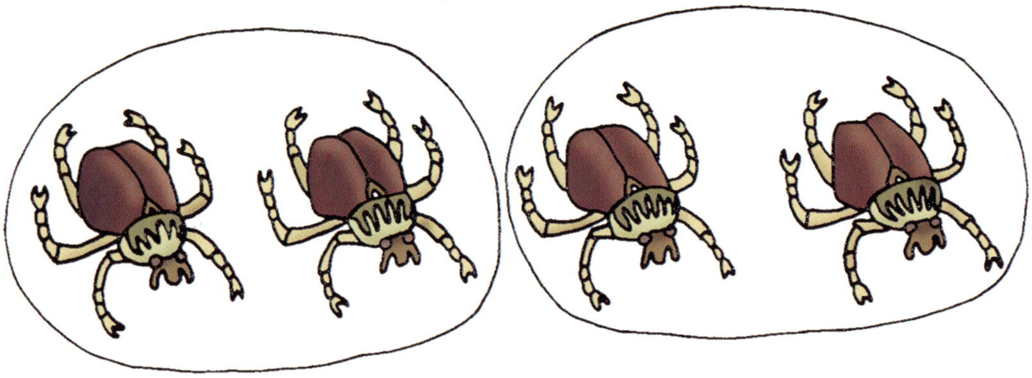

2 Gruppen von 2 Käfern ergeben 4 Käfer.

Jetzt versuchst du es.

Schreibe jeweils die richtige Zahl auf die Linie. Wenn du Hilfe brauchst, sieh dir noch einmal das Beispiel auf Seite 52 an.

____ Gruppen von ____ Fröschen ergeben ____ Frösche.

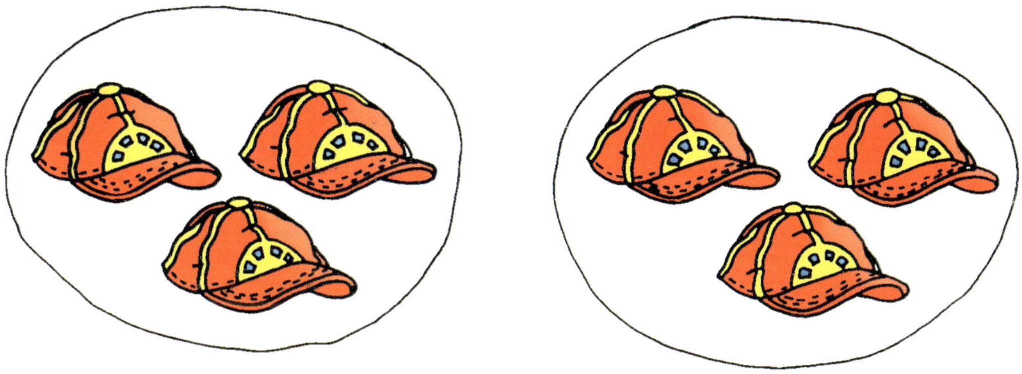

_____ Gruppen von _____ Mützen ergeben _____ Mützen.

_____ Gruppe von _____ Fischen ergibt _____ Fische.

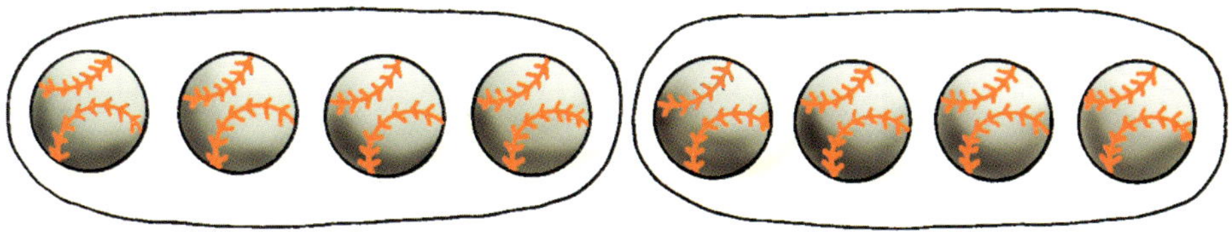

_____ Gruppen von _____ Baseballs ergeben _____ Baseballs.

Worträtsel

Franklin möchte einige Bücher lesen.

Löse das Rätsel und finde heraus, wo Franklin hingeht, um Bücher zu bekommen.

(BÜN-N)+C+(OHER-O)+EI

Franklin geht in die ___ ___ ___ ___. ___ ___ ___ ___ .

Buchstabensalat

Die Buchstaben des Wortes am Ende eines jeden Satzes sind vermischt. Ordne die Buchstaben richtig an und schreibe das Wort auf die Linien.

Franklins bester Freund ist BRÄ. __ __ __

Franklin und Bär sind ENDUREF. __ __ __ __ __ __ __

Franklin spielt gerne REMLMUN. __ __ __ __ __ __ __

Herr Eule ist Franklins Lehrer in der EUSCHL.__ __ __ __ __ __

Franklin ist eine ÖKRTESCHDIL. __ __ __ __ __ __ __ __ __ __ __

Wort- und Bilderrätsel

Franklin und seine Freunde bereiten sich für das Schultheater vor.

Lies die Sätze und ziehe eine Linie von jedem Satz zu dem Bild, das beschrieben wird.

Waschbär malt das Bühnenbild.

Kaninchen und Bär helfen Franklin beim Anziehen seines Kostüms.

Biber übt ihre Tanzschritte.

Gans lernt ihren Text.

Die Musikanten spielen ihre Lieder.

Alphabetspiel

Franklin hat eine Menge Lieblingsbeschäftigungen.

Finde heraus, was Franklin am liebsten in der Schule macht. Schreibe auf jede Linie den Buchstaben des Alphabets, der direkt vor dem Buchstaben kommt, der unter der Linie steht.

___ ___ ___ ___ ___ ___   ___ ___ ___ ___ ___

C J M E F S   N B M F O

NOPQRSTUVWXYZ

Jetzt kannst du noch mehr von Franklins Lieblingsdingen herausfinden.

Schreibe auf jede Linie den Buchstaben des Alphabets, der direkt nach dem Buchstaben kommt, der unter der Linie steht.

Franklins Lieblingssport ist __ __ __ __ __ __ __ __
E T R R A Z K K

Franklins Lieblingsessen ist __ __ __ __ __ __ __ __ __ __ __ __ __
E K H D F D M J T B G D M

Franklins Lieblingshaustier ist ein __ __ __ __ __
E H R B G

Wortkreis

Franklin hat Angst vor der Dunkelheit, trotzdem muss er nachts in seinem kleinen, dunklen Panzer schlafen.

Um herauszufinden, wie Franklin dieses Problem löst, beginnst du beim Pfeil. Folge dem Kreis und schreibe jeden zweiten Buchstaben auf die Linien.

Franklin macht bei Nacht das L_ ___ ___ ___ ___ an.

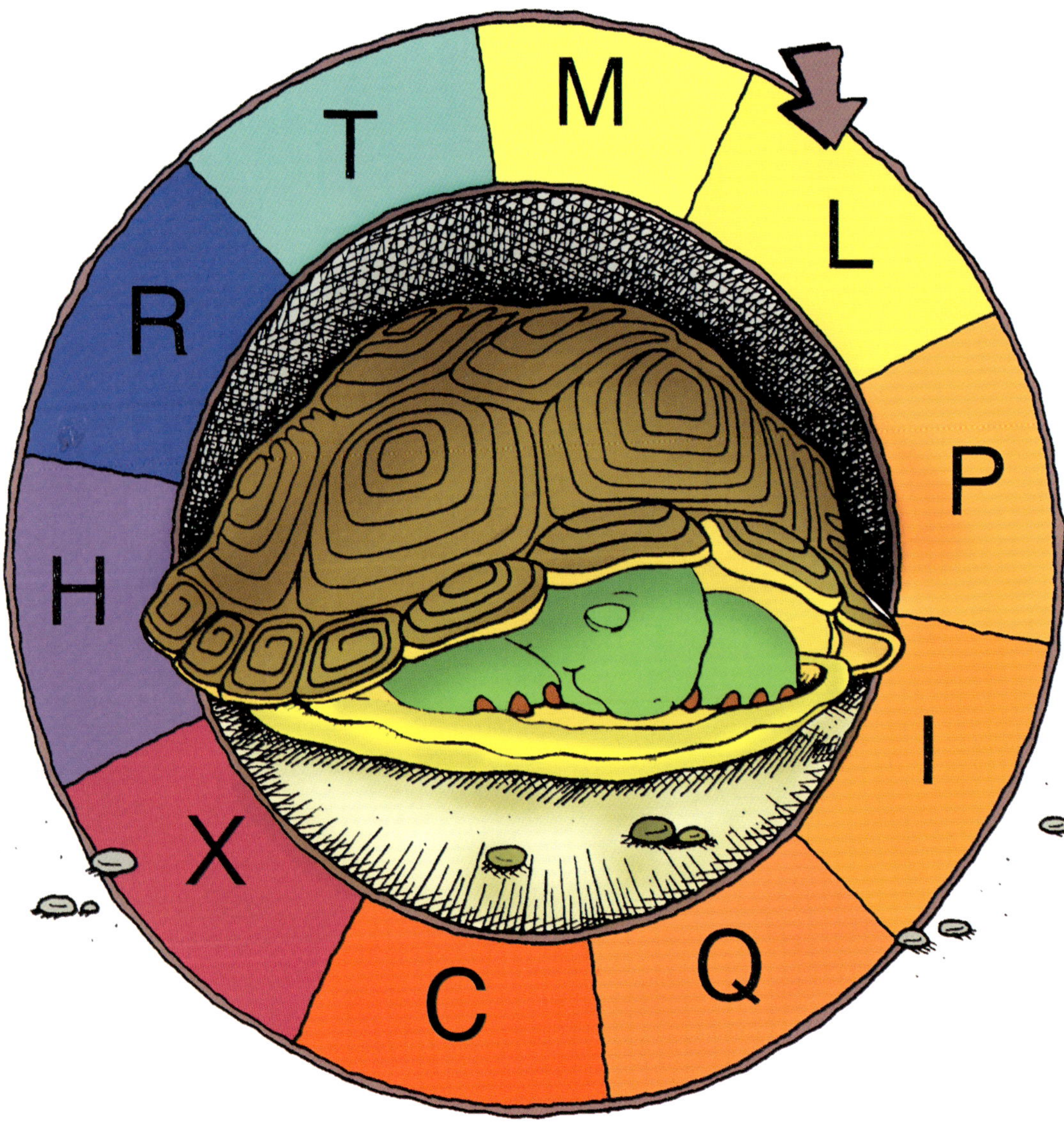

Wörter zusammensetzen

Ein zusammengesetztes Wort besteht aus zwei oder mehreren kurzen Wörtern.

Suche das Wort, das jedes Bild beschreibt. Nimm dazu ein Wort aus Spalte A und setze es mit einem Wort aus Spalte B zusammen. Schreibe jedes neue Wort auf die Linie zum passenden Bild.

Spalte A	Spalte B
Haus	Schlag
Hand	Aufgabe
Gold	Arbeit
Team	Fisch

Satzsalat

Franklin ist auf dem Weg zu Bärs Haus. Aber er ist sehr spät.

Die Sätze auf diesen beiden Seiten erklären, warum Franklin sich verspätet, aber sie sind in der falschen Reihenfolge angeordnet. Lies alle Sätze und entscheide dich dann für ihre richtige Reihenfolge. Zeichne auf die Linie Nr. 1 das Symbol, das neben dem Satz gezeichnet ist, der als Erstes zutreffen soll, auf die Linie Nr. 2 das Symbol, das neben dem Satz gezeichnet ist, der als Zweites zutreffen soll. Mache das Gleiche beim dritten und vierten Satz.

◆ Kurz bevor er bei Bärs Haus ankommt, pflückt Franklin Beeren.

■ Franklin wacht zu spät auf.

▲ Auf dem Weg zu Bärs Haus spielt Franklin mit Kaninchen.

● Franklin braucht lange, um sich anzuziehen.

1. ___________

2. ___________

3. ___________

4. ___________

Bilderspiel

Nach seinem Baseballspiel geht Franklin nach Hause.

Kreise das Bild von Franklin ein, das sich von den anderen unterscheidet.

Punkt zu Punkt

Franklin und seine Freunde entdecken etwas am Himmel.

Verbinde die Punkte, um herauszufinden, was es ist.

Was ist falsch in diesem Bild?

Bär und Franklin genießen ein Lagerfeuer zusammen mit Franklins Eltern.

Sieben Dinge sind in diesem Bild falsch. Kreise sie ein, wenn du sie gefunden hast.

Versteckte Bilder

Franklin und Bär möchten mit Murmeln spielen.

Finde die zehn Murmeln, die in diesem Bild versteckt sind. Kreise sie ein, wenn du sie gefunden hast.

Versteckte Wörter

Franklins Name ist an drei Stellen in diesem Bild versteckt.

Kannst du alle drei finden? Kreise den Namen von Franklin ein, wenn du ihn gefunden hast.

Labyrinth

Finde den Weg von Franklins Haus zu Bibers Haus.

Buchstabenspiel

Weshalb braucht Franklin seine Freunde, wenn er beim Fußballspielen ein Tor schießen will?

Um die Antwort herauszufinden, streichst du aus den folgenden Buchstaben F, P und Z heraus. Die verbleibenden Buchstaben schreibst du auf die Linien.

T P Z E F P A M Z P A F F P R B Z E I T

Antwort: _ _ _ _ _ _ _ _ _ _

Gedächtnisspiel

Es ist Bärs Geburtstagsfeier. Schaue dir jeden Gast an. Betrachte auch alles auf und um den Tisch herum. Blättere dann die Seite um und versuche das Gedächtnisspiel!

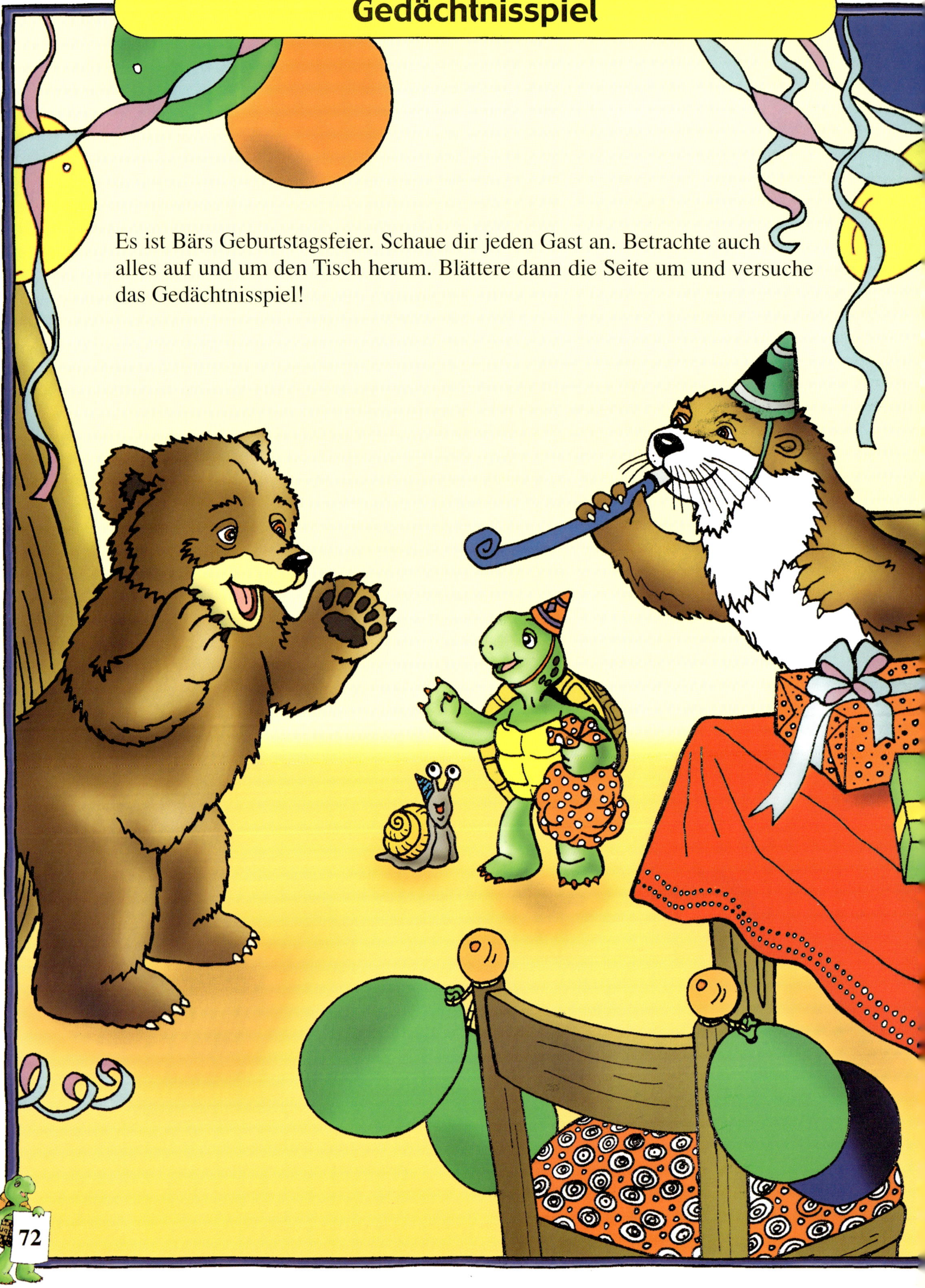

Kreise in jeder Reihe das Bild ein, das du schon auf Seite 72 oder 73 gesehen hast. Nicht schummeln! Gebrauche dein Gedächtnis.

Bilderspiel

Kreise die Geburtstagstorte ein, die sich von den übrigen unterscheidet.

Wortsalat

Franklin liest gerne.

Um herauszufinden, was Franklin sonst noch gerne macht, ordne die Buchstaben richtig an und schreibe die Wörter auf die Linien.

— — — — — —

ZNEANT

— — — — — — —

ILENESP

— — — — — — — — — — — — — —

RENHAFDAAHRFR

— — — — — — — —

ANFELSCH

— — — — — — — — —

WENMIMSCH

Verbinde die Buchstaben

Franklin hat ein Haustier.

Um herauszufinden, was das für ein Haustier ist, verbinde die Punkte von A bis Z.

Lösungen

Seite 8

Seite 9

Seite 10

Seite 11

Seite 12

Seite 13

Seite 14/15

Seite 16

Seite 17

Seite 18/19

Seite 20/21

Seite 22

Seite 23

Seite 24

Seite 25

Seite 26/27

Seite 28/29

Seite 30

Seite 31

Lösungen

Seite 32/33

Seite 34

Seite 35

Seite 36

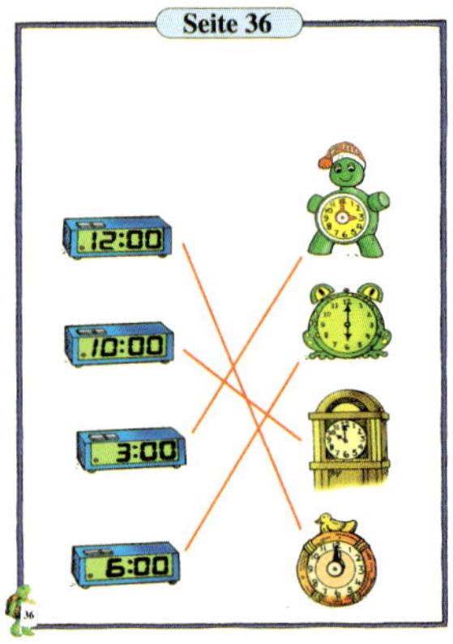

Seite 37

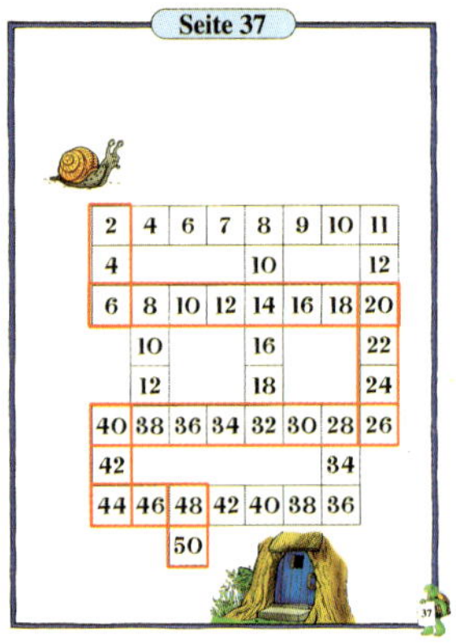

Seite 38/39

Seite 40/41

Seite 42/43

Seite 44/45

Seite 46

Seite 47

Seite 48/49

Seite 50/51

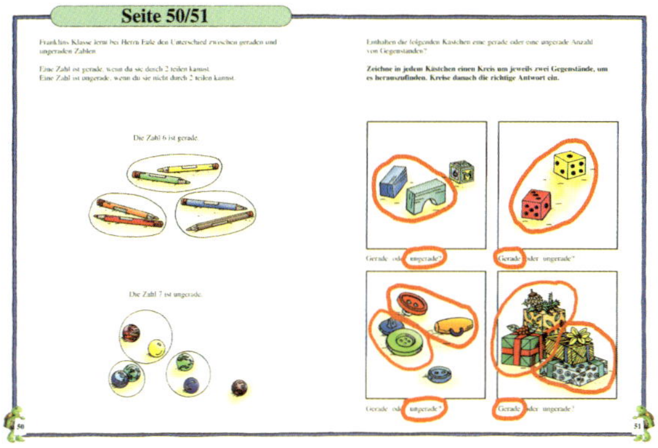

Seite 52/53

Seite 54

Seite 55

Lösungen

Seite 56/57

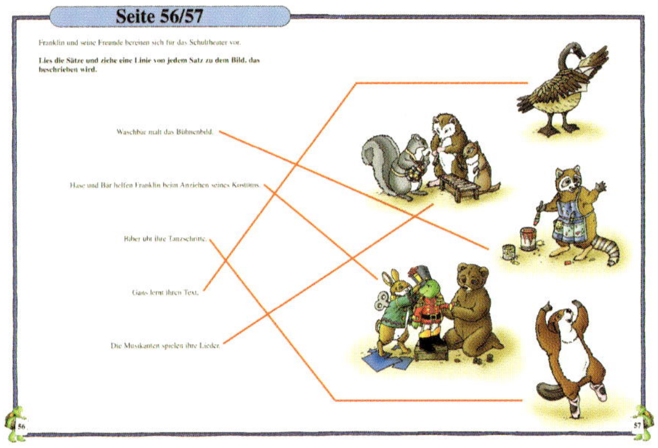

Seite 58/59

Seite 60

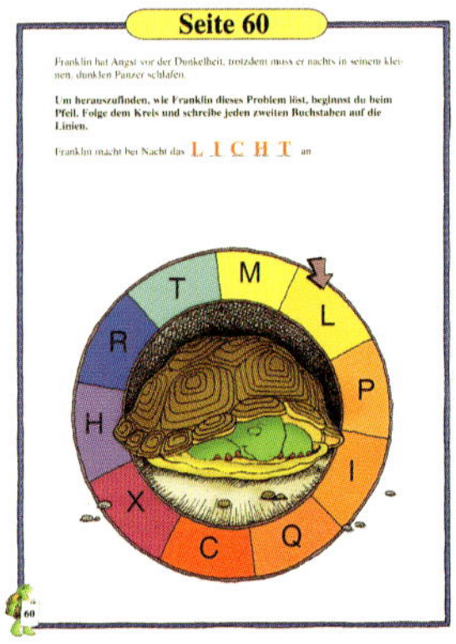

Seite 61

Seite 62/63

Seite 64

Seite 65

Seite 66/67

Seite 68

Seite 69

Seite 70

Seite 71

Seite 74/75

Seite 76

Seite 77

Franklin ist ein eingetragenes Warenzeichen der Kids Can Press Ltd.

Basierend auf den folgenden Originalausgaben:

Fun with Franklin: A Learning to Read Book
Beschäftigungen von Dancy Burns
Text copyright © 1997 durch P. B. Creations Inc.
Illustrationen copyright © 1997 durch Brenda Clark Illustrator Inc.
Illustrationen von Shelley Southern, basierend auf Originalvorlagen von Brenda Clark.

Fun with Franklin: Math Activity Book
Beschäftigungen von Elizabeth Bennett
Text copyright © 1998 durch P. B. Creations Inc.
Illustrationen copyright © 1998 durch Brenda Clark Illustrator Inc.
Illustrationen von Shelley Southern, basierend auf Originalvorlagen von Brenda Clark.

Fun with Franklin: Puzzle Book
Beschäftigungen von Elizabeth Bennett
Text copyright © 1997 durch P. B. Creations Inc.
Illustrationen copyright © 1997 durch Brenda Clark Illustrator Inc.
Illustrationen von Shelley Southern, basierend auf Originalvorlagen von Brenda Clark.

Fun with Franklin: Activity Book
Beschäftigungen von Jane B. Mason
Text copyright © 1997 durch P. B. Creations Inc.
Illustrationen copyright © 1997 durch Brenda Clark Illustrator Inc.
Illustrationen von Shelley Southern, basierend auf Originalvorlagen von Brenda Clark.

Herausgegeben mit Genehmigung der Kids Can Press Ltd., Toronto, Ontario, Kanada

Lizenz durch: EL Euro Lizenzen, Herzogspitalstr. 3,
D-80331 München

Alle Rechte vorbehalten. Die Verwertung der Texte und Bilder, auch auszugsweise, ist ohne Zustimmung der Edition XXL GmbH, Reichelsheim, urheberrechtswidrig und strafbar. Dies gilt auch für Vervielfältigungen, elektronisches oder mechanisches Kopieren, Tonaufnahmen, Übersetzungen, Mikroverfilmung und für die Verarbeitung mit elektronischen Systemen.

© der deutschsprachigen Ausgabe
EDITION XXL GmbH
Reichelsheim, 2000

Umschlaggestaltung: Eckhard Freytag
Layout: Sonja Sammüller
Übersetzung: Ina Trumpfheller
Kolorierung u. Satz: Mathias Weil & Uta Ebeling, Worms

ISBN 3-89736-414-X